Felix Vonderstrass

Mein Wegweiser

1.Auflage

© 2022 Felix Vonderstraß

Herstellung: BoD – Books on Demand, Norderstedt

ISBN: 9783755797050

Instagram: fitness_coach_felix

Facebook: dercoach_felix

Coach.felix.vonderstrass@gmail.com

Bibliografische Information der Deutschen Nationalbiblio-thek: Die Deutsche Nationalbibliothek verzeichnet diese Publikation in der Deutschen Nationalbibliografie; detail-lierte bibliografische Daten sind im Internet über dnb.dnb.de abrufbar.

Wenn du etwas
können willst,
LERN ES!

Wenn du etwas ma-
chen willst,
MACH ES!

Wenn du etwas sein
willst,
SEI ES!

Felix Vonderstraß

Inhalt

1. Vorwort

Ich habe mit diesem „Buch" angefangen, als die Überlegung aufkam, ob ich bereits mit 17 Jahren den ersten schwarzen Gurt im Karate machen soll oder nicht.

Ich habe versucht, diese Ungewissheit aufzulösen. Doch wie? Indem ich damit begonnen habe, meine Gedanken sowie auch meine Einstellung zu verschiedenen Themen auf Papier zu bringen.

Es handelt sich also auf den folgenden Seiten um nichts anderes als meine Gedanken, deshalb möchte ich den Text nicht als Buch bezeichnen. Er ist vielmehr mein Kodex, meine Einstellung, mein Wegweiser. Ist diese perfekt? Nein. Wird jeder bei allem der gleichen Meinung sein? Vermutlich nein. Und doch bin ich stolz darauf. Denn alles, was auf den kommenden Seiten steht, bin zu 100% ich und darauf bin ich unglaublich stolz.

Mir hat es unbeschreiblich geholfen, diese Seiten zu schreiben. Meine Hoffnung ist, dass es auch anderen hilft oder helfen wird. Darüber würde ich mich sehr freuen.

2. Alltag

Wann bin ich ein Meister?

Ob du ein „Meister" bist oder nicht, erkennst du nicht einfach so.

Du erkennst es vielmehr daran, was die anderen von dir halten, was die anderen von dir denken und über dich sagen. Und doch musst du gleichzeitig selbst am Ende davon überzeugt sein, dass du bereit bist, ein Meister zu werden.

Das hört sich jetzt kompliziert an, doch es wird der Moment kommen, an dem du verstehst, was ich mit diesen Zeilen meine.

Es gibt nur einen Grund, warum du etwas tun solltest:
Mach es, weil du es willst und nicht, weil andere es sagen, von dir erwarten oder sogar verlangen!

Ohne Grundlagen ist alles nichts

Wie würdest du eine Pyramide bauen? Von unten nach oben oder von oben nach unten? Ich denke, die Antwort ist eindeutig.

Als erstes kommt immer das Fundament! Erst danach die Mauern und erst am Schluss die Spitze.

Das ist doch bei allem, was du neu lernst oder neu anfängst, genauso, oder? Anfangen musst du immer bei den Grundlagen, bei den Basics.

Fang immer beim Anfang an!

Doch kennst du auch die Leute, die meinen, sie könnten sofort das Gleiche machen und die gleiche Leistung bringen wie jemand, der den Beruf oder den Sport bereits 10 Jahre ausübt?   In meinen Augen handelt es sich dabei um absolute Selbstüberschätzung und pure Arroganz! Diese Dreistigkeit zu besitzen, sich mit einem Erfahrenen zu vergleichen. Dabei ist es egal, ob derjenige sich 1 Jahr länger damit befasst, 10 Jahre oder auch nur 1 Woche – er ist bereits weiter als du, öfter gescheitert und hat insgesamt mehr Erfahrung in diesem Bereich.

Deshalb ist es wichtig, dass du dich auf dich selbst konzentrierst. Also fang dort an, wo du bist, am Anfang! Baue dir dein eigenes Fundament auf. Egal wie lange du hierfür brauchst, lass dich nicht verunsichern. Irgendwann wirst du die Spitze erreichen!

So hart es klingt, du darfst nicht vergessen, dass du nicht weiterkommst ohne Grundlagen. Du wirst, wenn du ohne Grundlagen anfangen willst, immer wieder scheitern und herabfallen, bis du bei null, dem Fundament, beginnst. Gleichzeitig gilt: Je besser dein Fundament, desto schneller kannst du später Fortschritte machen.

Stell dir mal vor, was passiert, wenn du bei einem Haus mit dem Dach statt dem Boden und den Wänden beginnst? Genau, das Dach fällt herunter und geht kaputt. Die komplette Anstrengung wäre umsonst gewesen, also beginne mit dem Boden.

Wieso Kraft und Zeit verschwenden, statt sie effektiv zu nutzen? Das bringt dich persönlich viel weiter und dir stehen somit alle Türen offen.

Meistere die Grundlagen, um dir ein starkes Fundament zu bauen, auf welchem du dann einen Wolkenkratzer errichten kannst!

Sobald du die Grundlagen gemeistert hast, hab keine Angst, auch mal etwas zu wagen. Etwas, wofür du dich noch nicht bereit fühlst. Denn dadurch entwickelst du dich schneller weiter, als du jemals zu träumen gewagt hast. Doch erst <u>nach</u> den Grundlagen.

Die Entwicklung

Jeder muss sich selbst in die Richtung entwickeln, in die ihn sein Geist führt. In der Kampfkunst, egal in welcher, ist es wie im alltäglichen Leben. Was sich von dem, was du geerbt hast, was dir beigebracht wurde, bewährt hat, musst du beibehalten. Was sich hingegen nicht bewährt hat, musst du verändern oder gar komplett ersetzen. So und nur so kannst du eine kurzfristige Perfektion erreichen. Diese dauert nicht lange an, doch für eine kurze Zeit ist sie da. Bis eine „neue Generation" kommt und das Alte wieder verändert. Das Gute wird wieder beibehalten und das „Unnütze" wieder ersetzt.

Bruce Lee hat dies immer wieder angewandt. Auf diese Art hat er aus jeder Kampfkunst das für ihn Beste und Sinnvollste genommen, um sein ganz persönliches und sehr umfangreiches und effizientes System zu entwickeln, das „Jet Kune Do". Bruce Lee selbst wollte niemals, dass das „Jet Kune Do" als Kampfkunst bezeichnet wird, da er sich nicht wie ein Meister gefühlt hat, welcher eine Kampfkunst entwickeln könnte. Ich bin ein großer Fan und Bewunderer von Bruce Lee, dennoch bezeichne ich das System extra als umfangreichstes und nicht als das Beste. Denn auch wenn sein System grundsätzlich auf alle Individualitäten eine Antwort hat, kann jemand, der die Hintergründe nicht versteht, niemals das gesamte Potenzial ausschöpfen.

„Stillstand ist Rückschritt"
Rudolf von Bennigsen-Foerder

Die Perfektion

Eine Frage, die mich besonders beschäftigt hat, ist: „Wann ist man vollkommen oder perfekt?" Diese Frage interessiert mich in jedem Bereich und bei jedem Thema. Diese Frage stelle ich mir schon viele Jahre und auch recht häufig. Auf eine Antwort bin ich erst vor kurzem gekommen. Eigentlich ist diese recht simpel. Niemals werde ich perfekt sein und ich glaube auch, dass niemand jemals perfekt sein kann. Und das ist auch gut so. Auch ein Meister wird niemals perfekt sein, egal ob er tagelang oder jahrelang trainiert und übt, er wird nie vollkommen sein. Sollte dies jemand behaupten, ist er für mich so weit von der Perfektion entfernt wie ich es mir nur vorstellen kann.

Doch wieso ist es gut, nicht perfekt sein zu können? Das habe ich für mich schnell beantwortet. Wenn du perfekt bist, was willst du dann noch erreichen? Wie willst du dann noch besser werden?

Strebe nach der Perfektion, und verstehe, dass dies ein lebenslanger Weg ist.

Man muss ein Ziel haben, um weiterzukommen, aber ist man zufrieden, wenn man das Ziel erreicht hat? Nein! Erst wenn man weitergekommen ist als man wollte, ist man zufrieden. Und dann geht alles wieder von vorne los mit einem neuen Ziel.

Einfach gesagt: **Der *Weg ist das Ziel.***

Der wahre Meister

Der wahre Meister, egal ob im Beruf, einer Kampfkunst oder dem Alltag, zeigt sich dadurch, dass er gelassen mit jeder Situation umgeht, stolz auf sein Können, seine Taten und seine Entscheidungen ist, und diese gleichzeitig kritisch bewertet. Er hält sich niemals für perfekt, unantastbar oder gar für unbesiegbar. Ein wahrer Meister ist nie übermütig und überschätzt sich nie. Er geht den Gefahren und Komplikationen einfach aus dem Weg.

Als wahrer Meister sind dein Körper und dein Geist eins. Sie agieren als Einheit.

Du musst auf deine Stärke vertrauen, damit sie dich trägt. Du musst auf dein Können vertrauen, damit alles für dich möglich wird. Durch deinen Willen kannst du alle Grenzen überwinden.

Der wahre Meister schafft alles mit einer Gelassenheit, die für andere unbegreiflich ist. Natürlich wirst du nicht über Nacht, in einer Woche oder einem Jahr zu einem solchen Meister der Situation

– es dauert ein Leben lang. Und wenn du dann denkst, du seist ein wahrer Meister, merkst du erst, dass du noch am Anfang stehst. Am Anfang deines Lebens, deiner Taten und deines Lernens.

Hier finde ich das Bild der westlichen Karate Graduierung sehr passend: Als Anfänger hat man zuerst einen weißen Gürtel, dieser wird auf dem Weg zum Meister immer dunkler. Er wird grün, blau, braun und schließlich schwarz. Und dann? Dann verfranzt er wieder, um grau und schließlich wieder weiß zu werden. An diesem Punkt merkt man, dass auch ein Meister nicht vollkommen ist, er hat noch nicht alles erreicht und ist immer noch am Anfang seines Lernens und seines Weges.

Die tägliche Einstellung

Es gibt das Sprichwort *„Geh mit einem Lächeln durch die Welt und du wirst ein Lächeln zurückbekommen."* Was hinter diesem Sprichwort steht, werden die meisten wissen. Ich jedenfalls habe bereits oft eine solche Erfahrung gemacht. Wenn vor dir ein wütender Mensch steht, merkst du schnell, dass du auch zu einem wütenden Handeln hingerissen wirst. Jetzt ist es wichtig, dass du es schaffst, dieses Bedürfnis der Wut zu unterdrücken und einfach freundlich zu bleiben und deine innere Ruhe beizubehalten. Du wirst schnell merken, dass die Person dir gegenüber sich ebenfalls beruhigt. Der Grund hierfür ist einfach. Das Verlangen nach Freundlichkeit ist bei jedem von uns stärker als das Verlangen nach Wut.

Ist es auf diese Art, also ohne Worte oder Taten, möglich, eine Gruppe zu besänftigen? Ja, ist es. Selbstverständlich ist es schwieriger, die Wut vieler zu schlichten, doch mit Ruhe im Herzen ist auch dies möglich.

Beherrscht euren Geist, beherrscht euren Körper und ihr werdet jede Menschengruppe besänftigen können, ohne auch nur ein Wort sagen zu müssen. Ein ruhiger Geist überwindet jede Wut, jeden Schmerz, jede Angst und öffnet jede Tür.

Sei die Veränderung

Sicherlich gibt es vieles auf der Welt, das nicht richtig läuft oder richtig ist. Dinge, die uns alle betreffen und vor denen keiner die Augen verschließen sollte oder kann.

Jedoch bringt es nichts, dies zu bemerken und Dinge zu sagen wie: „Das ist weit weg", „Das betrifft mich nicht", „Da kann ich nichts tun."

Vielleicht stimmt es ja und du kannst nichts tun. Doch überlege einmal: Wie oft bist du in einer Situation, in der nur du etwas ändern kannst? Und andere vielleicht denken, das würde sie nichts angehen.

Deshalb fang an, selbst die Veränderung zu sein, sei ein Vorbild und fang doch einfach mal an, die Welt zu ändern!

Denk immer: „Wenn nicht ich, wer dann?"

„Auch der längste Weg beginnt mit einem kleinen Schritt."
Lao Tse

Alles ist eine Entscheidung

Eins ist für mich glasklar sicher: Alles in unserem Leben ist eine Entscheidung. Du triffst immer eine Entscheidung, egal ob aktiv oder passiv.

Um das Ganze deutlicher zu machen, hier ein kleines Beispiel: Wenn du gefragt wirst, was du essen willst, kannst du eine aktive Entscheidung treffen und sagen, was du möchtest. Genauso kannst du auch eine eher passive Entscheidung treffen und sagen, es sei dir egal. Am Ende jedoch ist beides deine Entscheidung.

Das heißt, in welcher Situation du auch immer bist und wie auch immer du reagierst, du triffst eine Entscheidung. Genauso ist es eine Entscheidung, wenn du versuchst, eine Situation zu ignorieren und so zu tun, als ob du nichts mitbekommst. Du entscheidest dich für diese Reaktion, weil du es willst, auch wenn die Entscheidung „nur" unterbewusst entsteht.

Es ist wichtig, dass du dir dessen bewusstwirst, denn jede Entscheidung, die du triffst, spiegelt ein Stück weit deine Persönlichkeit wider. Jede Entscheidung, die du triffst, egal ob aktiv oder passiv, verändert dich.

Je mehr aktive Entscheidungen du triffst, desto mehr steigerst du dein Selbstvertrauen, deine Überzeugungskraft sowie deine Disziplin. Durch das aktive Treffen von Entscheidungen, wird dir eben dies von Mal zu Mal leichter fallen. Es geht dir in Fleisch und Blut über, aktive Entscheidungen zu treffen.

Triff mehr aktive Entscheidungen und sage weniger „egal"!

Leg den Schalter um

Starte doch endlich richtig durch! Jeder von uns hat unglaubliches Potenzial, in meinen Augen sogar unendlich viel. Du musst nur die Augen aufmachen und endlich anfangen, dein Potenzial zu nutzen.

Ich habe oft das Gefühl, dass sich viele (auch ich) einfach ausbremsen lassen. Sei es von anderen, die den Weg nicht verstehen oder bei einem ähnlichen Weg gescheitert sind. Genauso auch durch die eigene Angst oder die Sorge darüber, was andere denken könnten. Und das, obwohl die anderen meistens weniger denken als du glaubst.

Bitte mache keinem einen Vorwurf, der versucht, dir mit seiner Erfahrung zu helfen. Doch es liegt bei dir, dich dadurch nicht beirren zu lassen und die Tipps zu verwenden, um es besser zu machen!

Lege endlich deinen Schalter um. Von „geht nicht" zu „auf geht's"!

Es ist wichtig, dass du immer, wenn du merkst, dein innerer Schalter steht auf „geht nicht", du ihn ganz bewusst wieder umlegst. Wie Pippi Langstrumpf gezeigt hat, geht das am besten mit Freude.

*„Das habe ich noch nie vorher versucht, also bin ich völlig
sicher, dass ich es schaffe."*
Pippi Langstrumpf

Ein wichtiges Thema hierzu noch. Wenn du
weißt, wie du deinen Schalter umlegst, dann hilf
anderen, ihren auf „auf geht's" umzulegen.
Gib anderen die Möglichkeit, von deiner Erfahrung zu profitieren und lass sie wachsen. Wer
weiß, vielleicht wird dir dafür genau diese Person
ein anderes Mal helfen können, wenn du nicht
mehr weiterweißt.

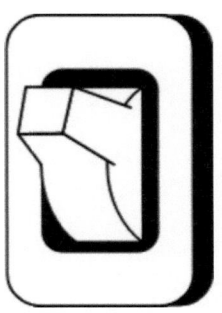

Jetzt!

Kennst du das: Du hast plötzlich eine supergute Idee oder einen tollen Einfall, für den du richtig brennst? Du überlegst dir einen Plan, welche Schritte du machen musst, um die Idee umzusetzen. Wenn du dann den Plan hast, geht's darum, alles in die Tat umzusetzen, doch wann damit starten? Morgen? In einer Woche? Oder vielleicht einem Monat?

Bestes Beispiel, welches mir hier einfällt, ist jemand, der eine Diät ausprobieren will. Kaum wurde eine passende Diät gefunden, geht es um den richtigen Starttermin. Vielleicht ja Montag, ganz nach dem Motto: Neue Woche, neues Glück? Oder zum nächsten Monatsbeginn? Und jetzt schleichen sich Schritt für Schritt die Ausreden ein. Du suchst (und findest) Gründe, wieso es jetzt gerade nicht gut ist, zu starten. Und ganz plötzlich wird aus der Diät, die du unbedingt machen wolltest, ein „Naja, lasse ich es mal."

Tue dir selbst und der Welt einen Gefallen! Wenn du etwas hast, wofür du brennst, verschiebe es nicht auf irgendwann! Starte jetzt! Die Umstände sind nie perfekt und doch werden sie niemals besser sein, als in dem Moment, in dem das Feuer in dir auflodert. Wenn in dir dein Feuer entfacht ist, ist das <u>immer</u> der richtige und perfekte Moment!

Was du heute kannst besorgen, das verschiebe <u>niemals</u> auf morgen!

Und sollte der Plan dann doch einmal nicht funktionieren, denk immer daran: Auf dem Weg zur Glühbirne hat Thomas Edison nicht gleich einen Weg gefunden, wie es geht, sondern zuerst 10.000, wie es nicht funktioniert. Also lass dich dadurch nicht beirren.

**Dein Feuer ist entfacht,
also schaffst du es auch!**

Wut vernebelt den Verstand

Egal ob im Sport, im Alltag, bei der Arbeit oder anderen Aktivitäten: Ein wütender Geist, also ein Mensch in Rage (egal ob durch einen Verlust, zu viel Stress oder sonstige Gründe) hat keine Selbstkontrolle mehr.

Du kennst es doch sicher von dir selbst. Wenn du richtig wütend bist, spürst du, dass deine Selbstkontrolle immer mehr schwindet, je wütender du wirst. Jetzt kommt das Schlimmste: Je mehr deine Selbstkontrolle schwindet, desto wütender wirst du.

- Ein Teufelskreis!

Das Problem ist, du bist nicht du selbst und daher findest du auch keine Lösung. Und wenn du keine Lösung findest, wirst du immer wütender. Es ist wichtig, dass du in jeder Situation ruhig bleibst, damit du die Kontrolle über dich selbst nicht verlierst. Sobald du merkst, dass du wütend wirst, zähle innerlich auf 5, atme tief ein und aus und handle erst danach. Du wirst sicherlich merken, dass bereits diese Kleinigkeit Wunder bewirken kann.

Menschen sind wie Diamanten

Kennst du die Aussage: „Menschen sind wie Diamanten. Um sie zu beurteilen, musst du sie aus der Fassung bringen"?

Als ich das hörte, war ich sofort beeindruckt und musste schmunzeln, da in dieser Aussage für mich so viel Wahres steckt. Natürlich habe ich mich direkt näher damit beschäftigt und mir meine Gedanken dazu gemacht. Was genau bedeutet es, man soll Menschen aus der Fassung bringen, um sie zu beurteilen? Für mich hat es viel damit zu tun, dass viele Menschen gelernt haben, ihre wahren Absichten zu „verstecken". Anders ausgedrückt, sich anders zu verhalten als sie eigentlich sind beziehungsweise als es ihnen eigentlich geht (seelisch/gesundheitlich). Grund für das Verstecken müssen nicht unbedingt schlechte Absichten sein, genauso kann es auch an fehlendem Selbstvertrauen oder schlechten Erfahrungen liegen. Um diese Absichten und den wahren Charakter eines Menschen zu erkennen, musst du ihn aus der Fassung bringen, du musst sein „wahres Gesicht" zum Vorschein bringen.

Und wie klappt das? Genau das ist die goldene Frage. Pauschal kann man das nicht sagen. Bei jeder Person musst du anders vorgehen, jeder wird durch etwas anderes aus der Fassung gebracht. Manche durch Nachfragen, um alles zu durchschauen. Andere, indem du gar nichts sagst und sie nur anschaust und auf eine ehrliche Reaktion wartest. Wieder andere durch Provokation. Letzten Endes kannst du auf irgendeine Art jeden aus der Fassung bringen. Je schwächer eine Person mental ist, umso leichter kann sie aus der Fassung gebracht werden und umso mehr Möglichkeiten hierfür hast du.

Sobald du es geschafft hast, siehst du das wahre und echte „Ich" der Person. Vielleicht ist sie plötzlich ganz anders als zuvor, vielleicht auch genau gleich? Wer weiß das schon. Find es doch einfach heraus.

Oft finden wir erst durch das „aus der Fassung bringen" den wahren und echten Wert eines Menschen heraus. Und können auf diese Art sein wahres Strahlen enthüllen.

Angst

Was ist Angst eigentlich genau? Das ist eine Frage, die mich bereits längere Zeit beschäftigt. Angst warnt uns vor Gefahr und lässt uns vorsichtiger werden. Genauso ist Angst etwas, was uns antreibt, mehr zu tun, uns nicht übermütig werden lässt und uns beschützt. Ganz schön viele Eigenschaften für ein so (vermeintlich) kleines Wort.

Vor kurzem habe ich etwas von Bruce Lee gelesen, was ich sehr passend und interessant fand. Genau kann ich es nicht mehr wiedergeben, doch es lautete ungefähr:

„Lasse dich auf deine Angst ein, damit du nicht übermütig wirst. Lass dich nicht von deiner Angst beherrschen, sondern lerne sie zu beherrschen und sie auf deinen Gegner zu übertragen. Werde selbst das, was dein Gegner fürchtet."

Das sagte Bruce Lee einmal zu einem Teil seiner Schüler, als sie über Ängste sprachen. Der Satz erklärt eigentlich das meiste, so dass ich nicht viel mehr hinzufügen muss oder kann.

Er wollte seinen Schülern damit sagen, sie sollten sich konzentrieren und sich ihre Ängste eingestehen, damit sie diese kontrollieren können und nicht selbst von ihren Ängsten kontrolliert werden.

Wer seine Ängste beherrscht, kann ungeahnte Grenzen brechen und ins Unendliche wachsen!

Denk immer daran: Was dir Angst macht, liegt außerhalb deines gewohnten Handelns und zeigt dir dein größtes Potential, um weiter zu wachsen und besser zu werden.

Mut ist nicht keine Angst zu haben, sondern die eigene Angst zu überwinden!

Umgang mit Niederlagen

Wie heißt es bei Olympia immer so schön? „Gewinnen oder verlieren, das ist egal! Dabei sein ist alles!" Natürlich klingt das schön, doch jeder weiß, eine Niederlage frustriert erst einmal. Mich persönlich frustriert es sogar noch mehr, wenn ich den Satz „Dabei sein ist alles" gesagt bekomme. Jetzt einmal ganz ehrlich, fühlst du dich besser, wenn du diesen Satz hörst? Oder bist du dann noch enttäuschter, weil du es als Floskel siehst?

Verlieren ist nie schön und keiner verliert gerne, auch wenn jemand sagt, dass es in Ordnung für ihn ist. Natürlich ist es in Ordnung. Verlieren gehört schließlich genauso zum Leben dazu wie Gewinnen und ist mindestens genauso wichtig. Gleichzeitig ist es aber nicht schön, oder?
Jetzt stellt sich die Frage: Was machst du aus dieser Niederlage? Sie einfach vergessen? Oder wie es auch oft heißt, daraus lernen? Tue mir und dir zwei Gefallen: Erstens Lerne aus der Niederlage und wachse daran, um nächstes Mal noch mehr zu erreichen. Zweitens Vergiss die Niederlage niemals. Ich bin der Meinung, dass man am besten aus der Niederlage lernt, wenn man diese im Kopf behält und nie ganz vergisst. Am besten sieht man sie immer wieder als Ansporn. Als Ansporn, um besser zu werden und später als Ansporn, um zu sehen, wie weit du bereits gekommen bist. Durch

das nicht Vergessen wirst du immer wieder dazu angetrieben, noch besser zu werden!
Jede Niederlage treibt dich an, morgen noch besser zu sein, als du es heute bist und noch weiter zu wachsen.

Lerne aus deinen Fehlschlägen und sehe diese als Motivator, immer besser zu werden!
Denk immer daran, es passiert nicht noch einmal.

„Fehler machen ist menschlich, daraus lernen göttlich. Ihnen aus dem Weg gehen durch Nichtstun, unverzeihlich.“ – Unbekannt

Muss ich immer gewinnen, um zu gewinnen?

Ich hörte einmal den Satz: *Wenn du nicht kämpfst, kannst du auch nicht verlieren, aber wenn du kämpfst, musst du auch gewinnen!*

Ich habe mir dann eine lange Zeit meine Gedanken zu dieser Aussage gemacht und mir überlegt: Kann man immer gewinnen?

Ich habe die Aussage für mich dann komplett auseinandergenommen und plötzlich kam mir, was mit dem Satz gemeint ist! Der erste Teil war schnell klar für mich: Wenn ich nicht kämpfe, kann ich schon einmal nicht verlieren, logisch, oder? Beim zweiten Teil des Satzes (..., wenn du kämpfst, musst du auch gewinnen!) musste ich länger überlegen und mir meine Gedanken machen. Doch auch hier kam ich für mich auf eine klare Schlussfolgerung. Ich denke, es ist nicht unbedingt der Sieg über den Gegner gemeint, sondern auch andere Arten des Sieges. Ich glaube, wir können auf viele Arten „gewinnen". Beispielsweise gewinnen wir, aus der Kampfkunst-Sicht, durch einen neuen Freund, der zuvor noch ein „Feind" war.

Wie Ip Man (ein Großmeister des Wing Tsun und Meister von Bruce Lee) sagte einmal: *„Bei einem Kampf lernt man sich kennen und verstehen."*

Genauso kannst du auch durch gewonnen Respekt des Gegners oder der Zuschauer gewinnen oder natürlich durch die gewonnene Erfahrung sowie das neue Wissen. Das sind nur ein paar Wege, um zu gewinnen, es gibt sicherlich dutzende weitere, welche für jeden unterschiedlich sind. Somit ist für mich mit dem zweiten Teil des Satzes nicht zwingend der typische „Sieg" gemeint, vielmehr die gewonnene Erfahrung, neue Freunde oder ähnliches.

Talent

Kennst du den Satz: „Harte Arbeit schlägt Talent"? Ich stimme dem nur bedingt zu.

Wieso nicht zu 100%? Versteh mich bitte nicht falsch; ich bin davon überzeugt, dass jeder jedes Ziel durch harte Arbeit erreichen kann. Jedoch gibt es in meinen Augen kein typisches Talent, niemals. Was es für mich gibt, ist so etwas wie Veranlagung. Veranlagung in dem Sinne, dass jeder von uns Gebiete und Themen hat, welche er schneller lernen oder verstehen kann als andere. Das heißt aber eben nicht, dass du etwas ohne üben oder lernen, ohne Arbeit einfach kannst, und genau das ist der Unterschied zu Talent.

Für dich heißt das, dass auch wenn du in einem bestimmten Bereich eine spitze Veranlagung hast, diese aber nicht nutzt, du niemals jemanden schlagen wirst, der täglich an sich und seinem Können arbeitet. Das gilt bei der Arbeit, im Sport und bei jedem anderen Hobby.

> *„Persönlichkeiten werden nicht durch schöne Reden geformt, sondern durch Arbeit und eigene Leistung."*
> *Albert Einstein*

Bist du er?

Nein, bist du nicht!

Was will ich damit sagen? Vielleicht hast du dich schon einmal mit jemandem verglichen oder wurdest mit einer anderen Person verglichen. Ein Vergleich mit jemandem, der in einer ähnlichen Situation ist oder war oder einfach nur einen ähnlichen Charakter hat. Ist das gut so? Oder vielleicht schlecht? Meiner Meinung nach ist es klar, dass es nicht klar ist. Es kann gut sein, es kann aber genauso auch schlecht sein. Doch wann ist es gut und wann ist es eher schlecht? Gut ist es, wenn du es tust, um zu schauen, wie andere agiert und gehandelt haben. Was noch lange nicht heißt, dass es bei dir auf die gleiche Art oder im selben Maße hilft.

Eins muss dir klar sein; die Situation ist niemals dieselbe. Und du bist auch nicht die gleiche Person wie diejenige, mit welcher du dich vergleichst. Du hast einen anderen Hintergrund, andere Fähigkeiten und anderes Wissen und kannst niemals zu 100% in der gleichen Situation sein.   Solltest du dich zu sehr mit anderen vergleichen, ist die Gefahr groß, dass du versuchst, alles auf die gleiche Art und Weise zu tun. Das ist der Moment, in dem Vergleichen einen eher negativen und schlechten Effekt hat. Mach dein eigenes Ding! Du bist du. Er ist er. Sie ist sie. Sei einzigartig und handle auch so! Denn du bist einzigartig und für alles gewappnet, was auf dich zukommt. Vertrau dir selbst. Was du kannst, kann kein anderer, also wieso willst du wie andere sein? Hole dir Tipps, hol dir Impulse und hol dir Hilfe, jedoch <u>imitiere niemanden!</u>

Sei du selbst! Denn das ist deine beste Version und du wirst das Beste erreichen, was du kannst!

Du bist da, wo du bist, weil du bist, was du bist. Du wirst deinen Weg gehen, weil du bist, wer du bist.

Bleib dir selbst treu und du meisterst jede Situation.

Stolz und Selbstwert

Was sind Stolz und Selbstwert? Oder ist das sogar das Gleiche? Für mich gehören Stolz und Selbstwert zusammen und sind gleichzeitig das Wichtigste im Leben.

Selbstwert ist das, was jeder hat oder besser gesagt jeder haben sollte. Denn Selbstwert zeigt, wie viel du dir selbst wert bist (wie sollte es auch anders sein). Beim Selbstwert geht es für mich nicht um Taten oder Besitztümer. Es geht einzig und allein darum, egal wie viel ich von etwas habe, mir selbst etwas wert zu sein und zu mir selbst zu stehen. Zu dir selbst zu stehen und zu deinen Entscheidungen und Handlungen zu stehen und darauf stolz zu sein, ist unendlich wichtig. Natürlich auch mal einzusehen, dass vielleicht eine Entscheidung nicht zu 100% richtig war, dass du doch gleichzeitig weiterhin zu dir stehst und dich deshalb nicht selbst nieder machst. Und genau das ist für mich Selbstwert. Es ist auch egal, was andere von dir halten, über dich denken oder gar von dir erwarten. Schließlich weißt du ja, was du wert bist, sei du selbst! Alle anderen gibt es doch eh schon!

Für mich ist es ganz klar: Sobald ich einen Selbstwert für mich entwickelt habe, kann ich anfangen, stolz auf mich zu sein. Selbstwert und Stolz gehen miteinander immer Hand in Hand. Sobald du dir selbst etwas wert bist, kannst du stolz auf dich sein, und wenn du stolz auf dich bist, hast du deinen Selbstwert komplett erkannt. Und du darfst dadurch noch stolzer auf dich sein!

Wie sollen andere dich respektieren, wenn du es selbst nicht einmal tust?

Ich kenne eine Übung, wie du schnell herausfindest, ob du stolz auf dich bist und einen hohen Selbstwert hast. Stell dich vor den Spiegel und sage dir selbst: „Ich bin der Hammer und glücklich mit mir selbst!" Wichtig ist, dass du es wirklich kraftvoll sagst. Und dann fühle einmal in dich hinein. Wie hat sich das angefühlt? Glaubst du es dir selbst? Wenn es sich gut angefühlt hat und du dir von Herzen zustimmen kannst, Glückwunsch! Du bist dir selbst etwas wert. Und was ist, wenn es sich jetzt nicht gut anfühlt oder noch nicht zu 100% richtig? Auch dann gibt es eine einfache Lösung. Stelle dich wieder vor den Spiegel und sage dir alles, was du an dir gut findest. Es ist wichtig, dass du das Ganze so genau sagst wie möglich. Also nicht einfach nur „Ich finde meinen Charakter gut", sondern: Was genau ist an deinem Charakter gut? Streiche bitte alles, was dir an dir selbst nicht gefällt, aus deinem Kopf. Sobald du richtig stolz auf dich bist, verfliegen diese Zweifel von ganz allein, Schritt für Schritt.

Glaub mir, das wirst du sein! Und das darfst du sein! Das kann anfangs komisch sein und ist vielleicht nicht ganz einfach, doch denke immer daran: Du tust es für dich, denn dadurch wirst du selbst glücklicher und zufriedener werden. Versprochen!

Wichtig ist, dass du Stolz und deinen hohen Selbstwert nicht mit Arroganz verwechselst oder sogar gleichsetzt. Das sind völlig verschiedene Dinge. Arrogant bist du, wenn du eine völlige Fehleinschätzung von dir selbst hast. Für mich ist es zum Beispiel pure Arroganz und hat nichts mit Stolz oder Selbstvertrauen zu tun, wenn eine Person denkt, sie sei in allem super und könne alles. Selbstwert hingegen heißt zu wissen, was du kannst und gleichzeitig zu wissen, worin du noch nicht so gut bist. Und auf beides stolz und sich dessen bewusst zu sein..

Zum Selbstwert gehört es auch, bereit zu sein, dich stetig weiterzuentwickeln und weiter zu verbessern.

Wenn du stolz auf dich selbst sein kannst, dann zeige auch anderen, wie sie das schaffen und wieso sie stolz auf sich sein können. Lass sie ein bisschen wachsen, lass sie strahlen und bring ihnen bei, sich selbst zu lieben.

Und wenn jeder von uns glücklich mit sich selbst ist, wird jeder einzelne wachsen. Es bringt nichts, wenn alle um dich herum traurig und unzufrieden sind. Also zeig ihnen, was alles gut an ihnen ist.

Dazu musst du nur dir selbst etwas wert und stolz auf dich sein, denn dadurch erlaubst du auch anderen in deiner Umgebung, es dir gleichzutun.

Spiegelbild

Jeder Mensch ist anders, jeder hat in anderen Bereichen seine Veranlagungen. Daher ist es schwer, eine Messlatte zu finden, an der du dich richtig vergleichen und deinen Fortschritt dokumentieren kannst. Und doch gibt es hierfür eine perfekte Skala, bei welcher keine Ausreden zählen, weil es einfach keine gibt.

Und das bist ganz einfach du selbst. An dir selbst siehst du deine Fortschritte und Rückschritte (Rückschritte nur, um Anlauf zu nehmen) am besten. Hier gibt es kein „Ich lerne nicht so schnell wie der oder die".

Miss dich immer an dir selbst, mit deinem Spiegelbild, deinem gestrigen Niveau!

Wie Rocky Balboa seinem Schützling Apollo Creed in dem Film „Creed" vor dem Spiegel sagte: „Der Typ hier ist der härteste Gegner, den du je haben wirst. Ich glaube, das stimmt im Ring und das stimmt sicher auch im Leben!"

Mehr kann und muss ich dazu nicht sagen. Mehr, als dich jeden Tag aufs Neue mit dir selbst zu messen, kannst du nicht von dir verlangen. Und mehr, als dich jeden Tag zu übertreffen, kannst du nicht schaffen.

Gib jeden Tag 1% mehr als das Mal davor. Wirst du jeden Tag nur 1% besser, bist du nach nur einem Jahr 37-mal so gut wie am Anfang! 37-mal!!!

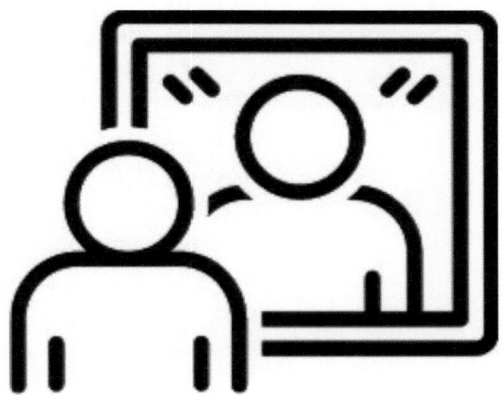

Was kann ich?

Die Frage, was man kann und welche Ziele man erreichen kann, ist natürlich bei jedem Menschen anders zu beantworten. Und das nicht nur, weil jeder Mensch anders ist, sondern weil es auf deinen Charakter und deine Einstellung ankommt. Und doch bin ich tief überzeugt davon, dass jeder alles erreichen kann, was er sich vornimmt. Es ist nur entscheidend, dass du dein ganzes Herzblut dafür aufbringst und es aus deinem eigenen Willen heraus und wirklich erreichen möchtest. Um deine Ziele zu erreichen, musst du „einfach" daran glauben und es 100% wollen! Wenn du selbst bereit bist, das Ziel zu erreichen, dann erreichst du es auch. Wenn du dir vorstellen kannst, wie du dein Ziel erreicht hast, und spürst, wie es sich anfühlt, es geschafft zu haben, dann hast du den Großteil deines Weges geschafft!

Du musst an dich glauben, du musst es wollen, du musst es machen.

„Wenn mein Kopf es sich ausdenken kann und mein Herz daran glauben kann – dann kann ich es auch erreichen!"
Mohammed Ali

Der „Tunnel"

„Mit dem kannst du jetzt nicht reden, der ist im Tunnel", oder: „Der ist grad in einer anderen Welt, er hört dich eh nicht." Solche Sätze habe ich schon oft gehört, du vermutlich auch, oder? Für mich stimmen diese Aussagen und sind gleichzeitig totaler Nonsens. Wieso denke ich so? Es kommt zwar auf die Entwicklung des Geistes an, aber jeder ist in der Lage, den „Tunnel" zu erreichen und trotzdem alles, was um ihn herum passiert, zu registrieren und wahrzunehmen.

Den „Tunnel" auf der höchsten Ebene hast du erreicht, wenn du konzentriert bei der Sache bist. Du alles, was um dich herum passiert, wahrnimmst, dich dadurch allerdings nicht beirren lässt. Du übst, lernst, trainierst oder arbeitest einfach weiter. Allerdings gibt es eine Ausnahme, durch deren Hilfe du den „Tunnel" verlassen kannst, bevor du tatsächlich „hindurch" bist. Sprich, bevor du die aktuelle Aufgabe beendet hast. Diese Ausnahme sehe ich als eine Art „Notausgang", welcher Gefahr widerspiegelt. Gefahr, die deinen „Tunnel" zum „einstürzen" bringen würde und dazu führt, dass du durch den „Notausgang" die Aufgabe abbrichst, bevor dir geschadet werden kann. Wenn du diese Stufe des „Tunnels" beherrschst, hast du es geschafft, einen Geist zu entwickeln wie er nur selten vorkommt.

Wichtig ist, dass du dich nicht beirren lässt, wenn du den Tunnel auf diese Art nicht sofort meisterst. Es braucht jahrelange, jahrzehntelange Übung. Und vielleicht schaffst du es am Ende trotzdem nicht. Doch gib niemals auf! Gib alles!

Ki/Chi

Die erste Frage, wenn du diese zwei/drei Buchstaben liest, ist vermutlich: „Was soll das überhaupt sein?" Dieses Wort hörst du vermutlich auch nicht täglich. Vielleicht wird es etwas einfacher, das Wort Ki zu verstehen, wenn ich sage, die meisten kennen es besser als Adrenalin oder wörtlich übersetzt als Lebensenergie. Ki entsteht in einem der sieben Hauptchakren, um genau zu sein im Solarplexus-Chakra, dem dritten der Hauptchakren. Es ist eine unterbewusste Kraft, die grundsätzlich jeder Mensch besitzt. Du kannst sie nicht einfach erlernen. Du musst sie einfach „nur" beherrschen und anwenden.

Ich möchte dir gerne ein Beispiel für diese innere Kraft nennen und dadurch versuchen, sie besser zu erklären und hoffentlich etwas verständlicher zu machen.

Stell dir vor, ein Mann ohne besondere Kraft, Hilfsmittel, bestimmte Techniken oder Hilfe einer weiteren Person versucht, eine schwere Tür aufzubrechen. Meinst du, er schafft es? Vermutlich ist es eher schwer und seine Erfolgschancen sind eher gering. Was ist aber, wenn auf der anderen

Seite der Tür seine Frau und sein Kind einge-
schlossen sind und zusätzlich das Haus brennt,
schafft er es dann? Die Chancen auf Erfolg sind
dann um einiges größer, und das unter den gleichen Voraussetzungen. Die Frage ist, woher hat
er plötzlich die Kraft dazu? Die Antwort ist denk-
bar einfach, wenn du noch weißt, um was es mir
geht und was ich versuche zu erklären. Es ist die
Kraft, die jeder besitzt. Es ist deine Kraft! Es ist
Ki/Chi!

Ich sagte, man kann diese Kraft nicht erlernen,
man besitzt sie einfach und wendet sie ohne
Nachdenken an. Und genau so ist es auch, denn
die Frage ist: Wollte der Mann eine Kraft in sich
aktivieren oder hat er genau darüber nachgedacht,
was er tut und wie? Nein, hat er natürlich nicht.
Er hat einfach gehandelt und seinen Instinkt die
Arbeit machen lassen. Und das ist die richtige Me-
thode, diese innere Kraft zu nutzen und einzusetzen. Du kannst noch so viel versuchen, dein
Ki/Chi einzusetzen, es wird zu 98% nicht funktionieren. Du musst lediglich deinen Instinkt handeln lassen und aufhören nachzudenken. Kurz gesagt: Mach einfach. Jedoch ist Ki/Chi keine Kraft,
die dich nur körperlich stärker macht. Ki stärkt
auch deinen Geist sowie deine Reflexe. Durch Ki
wird dein Verstand klarer, das heißt du nimmst alles schneller wahr und kannst schneller eine Lösung für Probleme finden. Du reagierst dadurch
viel schneller und viel besser als normalerweise.
Durch Ki wird also jede Faser in deinem Körper,
jede noch so kleine körperliche Aktivität gestärkt.

Ich hoffe, ich habe dir Ki näher bringen und verständlich machen können.

Du musst es einfach einmal erleben. Ganz kurz gesagt: Um Ki zu nutzen, musst du einfach handeln!

Damit will ich sicher nicht sagen, dass du nun raus auf die Straße gehen und denken sollst: „Egal was passiert, meine innere Kraft ist eh da und sorgt dafür, dass mir nichts passieren wird." Ki ist keine Superkraft, welche dich unbesiegbar macht. Ki ist erst als unterstützende Kraft da, wenn die körpereigenen Möglichkeiten ausgeschöpft sind.

Es ist wichtig zu wissen, dass du Ki in dieser Form erst nutzen kannst, wenn dein Kopf ausgeschaltet, dein Instinkt aktiv und vor allem dein Herz und deine Seele rein sind.

3. Karate

Wie zum Karate?

Anfangs habe ich Karate aus einem einzigen Grund gemacht: Meine Eltern wollten, dass ich mich sportlich betätige. Fußball wollte ich nie spielen, da ich, wenn ich ehrlich bin, nicht im Schatten meines Bruders stehen wollte und mir Fußball zu „normal" war.

Ein Freund, der auch nach etwas gesucht hat, brachte mich schließlich zum Karate. Da ich nun einen Sport gefunden hatte, war meine Anfangsmotivation, nämlich etwas zu finden, weg. Es stellte sich die Frage: „Was ist nun meine Motivation weiterzumachen?" Zuerst dachte ich, es wären die neuen Freunde, die ich gefunden habe, die Kontakte, die ich geschlossen habe, aber ich habe mich geirrt. Selbstverständlich waren das Faktoren, die dazu beigetragen haben, dass ich weiter gemacht habe, aber eine Motivation war es für mich nicht wirklich. Meine Motivation war etwas Größeres; ich war fasziniert und das, das bin ich bis heute! Karate hat mein Leben verändert. Ich war klein, unsicher und sehr leicht zu reizen. Nun bin ich stolz auf meine Taten, stolz auf mein Können, stolz auf meine Stärke.

Aus der anfangs mehr oder weniger aufgezwungenen Sportart wurde mein Leben, meine Lebenseinstellung, um genau zu sein. Ich finde es immer noch schön, wenn Leute kommen und sagen: „Wow! Karate? Das ist ein toller Sport." Natürlich ist es ein toller Sport, keine Frage, war es für mich anfangs auch und ist es bis heute. Nun aber ist es viel mehr für mich.

Ich weiß nicht, wie viele es gibt, die heutzutage aus diesem Sport einen Lebensweg entwickelt haben, so wie ich. Trotzdem sage ich mit großem Stolz: Karate verändert mein Leben Tag für Tag!

Philosophie

Wer sich mit Karate oder einer anderen Kampf-kunst näher beschäftigt und auseinandersetzt, wird früher oder später unweigerlich auf die Philosophie hinter dem Ganzen stoßen.

Nun stellt sich die Frage: Was ist die Philosophie im Karate? Meiner Meinung nach muss jeder mit der Zeit für sich selbst eine Philosophie entwickeln. Dies geschieht oft von ganz alleine.

Gleichzeitig basiert Karate auf einigen „Regeln" und Prinzipien. Diese wurden vor allem durch Gichin Funakoshi geprägt. Und genau hierauf möchte ich näher eingehen.

In erster Linie geht es um Respekt. Respekt vor seinem Gegner, sich selbst und allem, was einen umgibt.
Genauso geht es im Karate um Gerechtigkeit und darum, sich selbst und sein Umfeld zu verteidigen. Das ist auch der Grund, wieso Karate <u>niemals</u> zum Angriff verwendet werden darf. Karate ist zur Verteidigung gedacht! Verteidigung seines Umfelds, der Gesundheit und allem, was man schützen will.

Diese Verteidigung muss nicht unbedingt durch einen Kampf erreicht werden, sondern es geht in erster Linie darum, einem Kampf aus dem Weg zu gehen. Wie? Ganz einfach. Durch einen einfachen Wechsel der Straßenseite, das Überhören eines Kommentars (aktive Entscheidung) oder das Beruhigen des Gegenübers (alltägliche Einstellung).

Was aber, wenn alle Worte und alle Versuche nichts bringen? Dann ist die Philosophie des Karate ganz klar. Zuerst gibt man seinem Gegner eine letzte Chance, seinen Fehler einzusehen, nicht zu kämpfen und seine Handlung zu unterbinden. Was, wenn das nicht klappt? Dann musst du kämpfen! Mit voller Kraft. Doch ohne den Gegner zu töten oder sich selbst über das Gesetz zu stellen. Denn vergiss niemals: Karate steht auf der Seite der Gerechtigkeit!

„Die Kampfkunst ist dafür gemacht, um in Kriegszeiten das Überleben zu ermöglichen und in Friedenszeiten das Leben zu verlängern."
– Shihan Matayoshi Shinpan

Keine Waffen?

Karate heißt übersetzt soviel wie „Leere Hand".
Allein daraus lässt sich schon schließen, dass es im
Karate keine Waffen gibt. Das hat einerseits philosophische Gründe, andererseits auch histori-
sche.

Aus der Geschichte heraus wurde die Urform des
Karate im Verborgenen geübt und gelehrt. Waffen wären hier zu auffällig gewesen. Erst durch
den Kontakt mit anderen Künsten und dem Zahn
der Zeit kamen Waffen hinzu.

Wieso wird Karate dann trotzdem hauptsächlich
ohne Waffen ausgeführt und trainiert? Hier
kommt der philosophische Ansatz hinzu. Einmal
beruht Karate auf der Tatsache und der Grundlage der Selbstverteidigung. Klar ist, dass du nicht
immer eine Waffe dabei hast. Aus diesem Grund
musst du lernen, dich ohne Waffe verteidigen zu
können.   Zudem solltest du im Karate deine
Arme und Beine wie Schwerter bzw. Waffen sehen, somit hast du alle Waffen, die du im Karate
brauchst, immer bei dir. Auf diese Art stärkst du
deinen Körper, härtest deinen Willen und schärfst
die Waffen, die du immer dabei hast.

Kihon

Kihon, was ist das? Einfach gesagt ist Kihon der Anfang und das Ende des im Karate. Im Budo, also den japanischen Kampfkünsten, bedeutet Kihon so viel wie „Grundlage". Daher wird es häufig als „Grundschule" oder „Grundtechniken" bezeichnet.

Mit der Kihon werden die einzelnen Techniken trainiert und verbessert. Meist die Techniken, welche anschließend in den Formen (Katas) angewendet werden.

Kihon ist natürlich nicht nur am Anfang des Karate oder des Kampfkunst-Weges wichtig, sondern spielt die ganze Zeit über eine große und fundamentale Rolle. Natürlich liegt das zum einen daran, dass du auf deinem Kampfkunst-Weg immer wieder neue Techniken lernst, die selbstverständlich geübt werden müssen. Dazu kommt, dass deine Techniken niemals perfekt sein werden. Du kannst sie immer verbessern. Die Techniken können immer schneller, stärker, effektiver werden, und hier hilft die Kihon dir bis zum Ende deines Weges.

Kihon ist Alpha und Omega.

Kumite? Kata? Beides?

Karate besteht eigentlich aus drei großen Teilen. Das sind: Kumite (Kampf gegen Partner), Kata (vorgeschriebene Abfolge von Techniken gegen unsichtbare Gegner) und Kihon (Grundlagentechniken). Ich will mich jetzt hauptsächlich auf Kata und Kumite konzentrieren. Zum einen, weil diese oft als sehr verschieden angesehen werden, zum anderen, weil Kihon die Grundlage für alles ist.

Es heißt meistens, man kann nicht in Kata und Kumite gut sein. Meine Frage dazu ist ganz einfach: Warum nicht? In meinen Augen sind Kumite und Kata das Gleiche. Nur werden sie verschieden ausgeführt. Kumite ist ein Kampf gegen einen Partner, während Kata ein Kampf gegen mehrere imaginären Gegner ist. Aber fällt dir etwas auf? In beiden Definitionen kommt das Wort „Kampf" vor! Also warum heißt es, man ist immer nur im einen gut und im anderen schlecht, wenn doch eigentlich beides Kämpfe sind? Die Antwort ist leicht und schwer zugleich. Zum einen muss man erst einmal verstehen, dass Kata und Kumite im Prinzip das Gleiche ist. Der einzige Unterschied bei den zwei Trainingsmethoden ist, dass im Kumite der reale Kampf trainiert wird, während in Kata die Grundlagen und die Wirkung der Techniken geübt werden. Hat man das erst einmal verstanden, kann man mit völlig neuen Blickwinkeln in das tägliche Karatetraining gehen. Der eigene Horizont wird hierdurch erweitert und extrem vergrößert. Hör nicht immer auf das, was dir gesagt wird, mach dir von allem ein eigenes Bild. Das gilt im Karate, in jeder anderen Sportart und im Alltag.

Auch wenn ich hier schreibe, dass beides das Gleiche ist, kommt es trotzdem auf eure Einstellung zu den Bereichen an. Wenn du keine Lust auf Kata hast, bist du dort nie so gut wie du sein könntest. Genauso ist es, wenn du Angst beim Kampf gegen einen Partner hast. Dann bist du auch dort nie so gut, wie du es sein könntet.

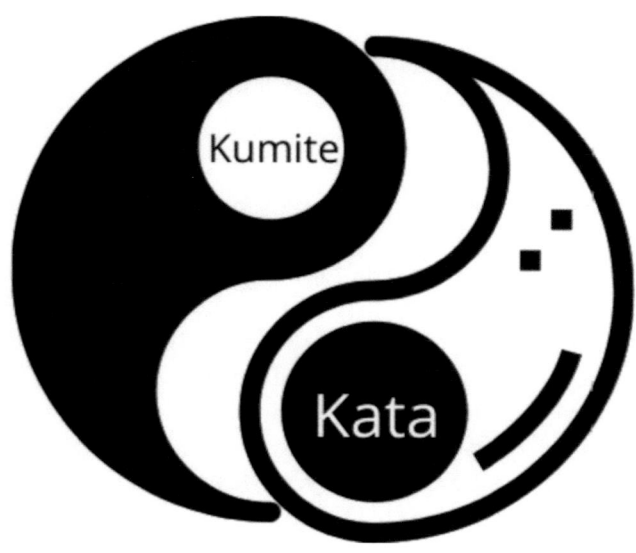

Der Zweikampf (Kumite)

Es gibt viele Trainer, die den Kampf Mann gegen Mann lehren, und es gibt viele Schüler, die diesen trainieren. Jeder Trainer und jeder Schüler hat eine andere, eine eigene Art zu kämpfen. Jede dieser Arten ist auf eine spezielle Weise einzigartig und jede hat unterschiedliche Schwächen und Stärken. Natürlich kommt dadurch unweigerlich die Frage auf: Welche Kampfart ist die richtige oder die beste? Ich persönlich habe keine Lieblings Kampfart. Weder die eines Schülers noch die eines Trainers überzeugt mich so sehr.

Wobei ich zugeben muss, dass mich die Kampf-techniken der Schüler meist mehr überzeugen als die der Trainer. An dieser Stelle gibt es vermutlich viele Leute, die mich nur kopfschüttelnd anschauen. Ich habe hierfür allerdings meine Gründe. In meinen Augen musst du für den Kampf Mann gegen Mann, egal ob im Dojo oder auf der Straße in einer realen Situation, nur eine Sache wiederfinden, die Urinstinkte. Keiner kann bestreiten, dass die Instinkte die besten Verteidigungs- und Angriffsmechanismen zugleich sind. Also muss man nur lernen, diese im Kampf zu finden und zu nutzen. Das klingt eigentlich ganz einfach und logisch. Doch ganz so leicht ist es nicht. Für mich ist es sogar das Allerschwerste. Aus diesem Grund beeindrucken mich die Kampfstile der Schüler auch mehr. Diese haben nicht so viel Erfahrung und handeln somit mehr durch ihre Instinkte. Die Techniken sind nicht perfekt und haben nicht die größte Wirkung, jedoch sind sie voller Improvisation und ohne Plan.

Wie sollte also meiner Ansicht nach ein Kumite-Training aussehen? Eine Mischung aus Reflextraining, Schnelligkeitstraining und ein minimaler Anteil Techniken.

Um im Kampf Mann gegen Mann eine gute Figur zu machen, braucht es also drei Dinge:

1. Einen leeren Kopf

2. Deine Instinkte

3. Das Wissen über die Wirkung der Techniken

Wie du dir denken kannst, ist es unglaublich schwer, dies auf der höchsten Stufe zu beherrschen. Ich lehne mich einmal weit aus dem Fenster und sage, von 100 Leuten beherrschen es 40.

Ich selbst gehöre <u>noch</u> nicht dazu.

Kata? Ein echter Kampf?

Ich habe für die Vorbereitung auf meine Schwarzgurtprüfung ein Video auf YouTube angeschaut. Ein Kommentar unter diesem Video hat mich etwas geschockt. Ich kann es leider nicht mehr wörtlich wiedergeben, im Kern ging es hierum: *„Ich habe vor 5 Jahren mit Karate angefangen, um wie Bruce Lee kämpfen zu können, aber wir machen nur Kata und das hat einfach <u>nichts</u> mit dem Kampf im realen Leben zu tun!"*

Als ich das gelesen habe, war ich erst einmal nicht überrascht, weil ich auch eine Zeit im Karate erlebt habe, in der ich so dachte. Bis ich schließlich erkannte, dass es auch eine Vorbereitung und ein Training für den Kampf ist. Kata trainiert Kraft, Geschwindigkeit, Konzentration, Reflexe und Körperbeherrschung, das alles sind wichtige Faktoren für den Kampf gegen einen Partner. In meinen Augen hat man das Wesen des Karate kein bisschen verstanden, wenn man nach 5 Jahren immer noch sagt, Kata habe nichts mit dem richtigen Kampf zu tun.

Beherrscht euren Körper und euren Geist, um den Körper und Geist des Gegners zu beherrschen!

68

Handle erst und denke dann!

Es heißt normalerweise immer: „Denk nach bevor du etwas tust." Ich muss mich dieser Meinung anschließen, allerdings nicht beim Kampf. Im Kampf finde ich es besser, wenn du erst handelst, denn nach dem Kampf kannst du immer noch denken.

Wenn du während des Kampfes über deinen nächsten Schritt nachdenkst, lässt du Zeit verstreichen. In dieser Zeit könntest du Punkte machen, die dir so verloren gehen. Was noch viel wichtiger und schlimmer ist: In dieser Zeit bist du mit deinen Gedanken nicht bei der Sache und dein Gegner kann dich angreifen, ohne dass du richtig abwehren kannst, wenn du den Angriff überhaupt realisierst. Kurz gesagt:

Nicht so viel denken.

Die falsche Ausführung

Auf die Frage, ob es im Karate eigentlich eine falsche Ausführung gibt, gibt es aus meiner Sicht keine wirkliche Antwort. Es gibt unterschiedliche Vereine sowie unterschiedliche Trainer. Selbstverständlich hat jeder dieser Vereine sowie jeder Trainer seine eigenen Trainingsmethoden und seinen ganz eigenen Stil. Gerade das ist das Wundervolle am Karate und den Kampfkünsten.

Wenn ich das so sage, lässt sich daraus schließen, dass es für mich grundsätzlich keine falsche Ausführung geben kann.

Differenzierter muss man allerdings auch betrachten: Was ist Karate für den Trainierenden? Ist es für einen selbst ein Kampfsport oder doch eine Kampfkunst? Genau hier ist nun der Knackpunkt: Sollte man Karate als reinen Kampfsport, also als Wettkampfsport ausführen, ist die Ausführung der Techniken klar definiert, je nach Disziplin.

Sieht man Karate allerdings als Kampfkunst, kommen die Ausführung und die Form von ganz allein. In dem Moment, in dem man Karate als Kampfkunst sieht, ist die Einstellung das Wichtigste. Die Einstellung ist generell in jeder Kampfkunst wichtig. Man muss die Bewegung tief im Körper fühlen, und nur so kann in meinen Augen

die Technik in bestmöglicher Form ausgeführt
werden.

*Jeder kann und muss seinen eigenen
Stil finden, dann kann die gesamte
Schönheit von Karate aufblühen!*

Die Graduierung im Karate

Jeder Karateka sollte wissen, dass es 9 Kyu-Grade und 10 Dan-Grade gibt. Die Kyu-Grade sind die Schüler-Grade und die Dan-Grade die der „Meister".

Die Kyu-Grade werden von 9 bis 1 rückwärts verliehen, die Dan-Grade von 1 bis 10 aufsteigend.

Doch was genau verbirgt sich nun hinter den einzelnen Stufen?

Bei den Kyu-Graden geht es im Grundsatz darum, dass der Karateka die Techniken des Karate lernt.

Von dem 1. bis zum 3. Dan geht es darum, den Sinn hinter den Techniken und deren Anwendungen zu verstehen und zu verinnerlichen.

Die Grade 4-8 sind die Stufen, in denen die geistige Haltung weiterentwickelt wird. Die Techniken und deren Anwendungen sind bekannt und können an andere weitergegeben und gelehrt werden.

Der 9. Dan ist ein Meister im Karate, dessen Handlungen voller Harmonie und Weisheit sind. Der 10. Dan ist der Dan des Großmeisters. Seine Techniken sind voll geistigem Verständnis und auf höchstem technischem Niveau.

Hieran sieht man genauer, dass man, nur weil man einen Dan-Grad verliehen bekommen hat, noch lange nicht am Ende seines Karatelebens ist und noch lange nicht am Ende des Lernens und seines persönlichen Weges im Karate ist.

Jeder Dan hat eine eigene traditionelle Bezeichnung und Beschreibung. Hierbei werden Dan 5 bis 10 als die sogenannten wahren Meistergrade der Kampfkunst gesehen.

- 1. Dan (Shodan): Der Grad des Suchenden

  - Hier wird deutlich gemacht, dass die Reise nun erst richtig beginnt und gesucht werden muss. Der Träger hat nun eine gewisse „Vorahnung" der Lehren im Karate, nun befindet er sich am Anfang seiner Entwicklung.

Nun ist er kein Anfänger mehr, sondern Schüler.

- 2. Dan (Nidan): Der Grad der Erkenntnis

  - Nun ist dem Schüler bekannt, welche Herausforderungen ihn erwarten und welche Bedingungen damit einhergehen. Ob er den Weg geht? Das weiß er noch nicht.

- 3. Dan (Sandan): Der Grad des anerkannten Wegschülers

  - Nun ist sich der Schüler sicher, den Weg der Kampfkunst weiterzugehen, dies wird nun auch vom Meister erkannt. Die Kampfkunst ist ein wesentlicher Teil seines Lebens geworden und gibt ihm somit innere Stärke und Kraft. Jetzt ist er bereit, ein Meister zu werden.

- 4. Dan (Yondan): Experte der Technik

  - Der Karateka hat nun die Stufe des Schülers gemeistert, und das sowohl aus technischer als auch in geistiger Hinsicht. Er ist nun in der Lage, seinen Geist, den Ki-Fluss und die Atmung zu kontrollieren. Durch diese Kontrolle kann er die Wirkung seiner Techniken maximieren.

- 5. Dan (Godan) & 6. Dan (Rohkudan): Experte der Übung

    - Diese Dan-Stufen zeichnen sich durch eine starke innere Haltung, Wissen und Lebenserfahrung aus. Nun ist der Karateka kein Schüler mehr, sondern ein wahrer Meister. Er ist mit Herz, Geist und Seele ein Meister der Kampfkunst und ein Vorbild für seine Schüler. Trotz seiner bereits erreichten Erfahrung ist er ständig bestrebt, sich weiter zu verbessern, sowohl geistig als auch körperlich.

- 7. Dan (Nanadan) & 8. Dan (Hachidan): Experte des Unterrichts

    - Nun kann man von einem wahren Großmeister sprechen. Er weiß genau, dass nichts das tägliche Training ersetzt und verbessert sich somit stetig.

- 9. Dan (Kudan): vorbildhafter Lehrer

    - Der Großmeister ist im absoluten Einklang mit sich selbst. Er handelt durch Harmonie und kann seinen Schülern das Tor zur Weisheit öffnen.

- 10. Dan (Judan): wahrer vorbildhafter Lehrer

- Nun kann man von einem vollendeten Menschen sprechen. Der Träger des 10. Dans ist ein Vorbild auf höchstem technischem Niveau und mit tiefem geistigem Verständnis. Der Judan ist jemand, der sich sein ganzes Leben über bemüht hat, die Kampfkunst und den Budo-Gedanken zu verbreiten und weiterzutragen.

4.Inspirierende Personen

Bruce Lee

Bruce Lee hat mich auf viele Arten inspiriert und gezeichnet. Zum einen sein ständiges Bestreben danach, eine gewisse Vollkommenheit zu erreichen, auf der anderen Seite auch sein Weg dorthin. Auf dem Weg zu seinem Kampfsystem, dem Jet Kune Do, kämpfte er gegen viele hoch graduierte Kämpfer verschiedenster Kampfstile. Ihm war es hierbei egal, ob er gewinnt oder verliert, er nahm aus jedem Kampf neue Erfahrungen mit und verbesserte sich dadurch stetig. Er kämpfte nicht nur einmal gegen andere Meister, sondern trainierte regelmäßig mit ihnen und lernte Neues von denen, die Experten waren. Denn er wusste, dass es, um besser zu werden, unglaublich wichtig ist, aus seiner Komfortzone zu gehen und Hilfe anzunehmen.

Ip Man

Ip Man war der erste Meister von Bruce Lee und brachte ihn mit dem Wing Tsun die Faszination der Kampfkünste bei. Ip Man selbst war ein gebildeter und werteorientierter Mann. Auch wenn er ein Großmeister im Wing Tsun war und ein sehr begabter Kämpfer, suchte er nie den Streit. Er ging Kämpfen generell am liebsten aus dem Weg. Durch Worte versuchte er, Konflikte zu schlichten und sie zu umgehen. Wenn es allerdings nötig war, kämpfte er mit ganzem Herzen. Ip Man trainierte täglich, obwohl er sein Können nur selten einsetzen musste. Alles in allem eine sehr inspirierende Person für mich, denn er lebte stets nach seinen Werten und besaß ein unendliches Maß an Disziplin.

Gichin Funakoshi

Gichin Funakoshi wird bis heute als Vater des modernen Karate bezeichnet. Wieso dies so ist? Das liegt hauptsächlich daran, dass er das Shotokan Karate wie man es heute kennt bekannt gemacht hat. Zudem hat er das Karate mit seinen 20 Regeln gezeichnet. Mit den Regeln schaffte er es, das Prinzip von Karate leicht verständlich zu machen. Mich inspirierte Funakoshi vor allem dadurch, wie er zugelassen hat, dass Karate sein Leben verändert und er diese Chance jedem geben wollte.

Arnold Schwarzenegger

Seit ich die Biografie von Arnold Schwarzenegger gelesen habe, bin ich noch inspirierter von ihm. Zum einen natürlich durch seinen eisernen Willen, mit dem er von klein auf für seine Ziele kämpfte. Er schaffte es vom kleinen österreichischen Jungen zum bekannten Bodybuilder. Er wurde Schauspieler, mehrfacher Mister Universum und schließlich Gouverneur des US-Bundesstaates Kalifornien. Mit Zielen und einem starken Willen ist im Leben alles möglich! Genauso inspiriert mich Schwarzenegger durch seine 10 eisernen Regeln, welche ich mir bis heute zu Herzen nehme.

Muhammad Ali

Für mich ist Muhammad Ali das Sinnbild für einen ehrlichen und fairen Sportler. Und genau aus diesem Grund wurde ihm als einzigem Boxer dreimal der Titel „unumstrittener Boxweltmeister" verliehen.

Ali stand und steht für Fairness im Kampf, knallhartes Training und Wertevermittlung. Er stand immer für das ein, was er für richtig hielt.

Nelson Mandela

Nelson Mandela war ein herausragender Vertreter im Freiheitskampf gegen Unterdrückung. In diesem Kampf hat Mandela nicht einmal seine Fäuste gegen seine Feinde erhoben. Alle seine Leistungen und Erfolge erzielte er allein durch seine Reden und durch den Einsatz seines Lebens. Was inspiriert mich an Mandela? Er kämpfte ohne Aggressionen und stand für das ein, was er wollte. Zudem war ihm egal, welche Opfer er hierfür bringen musste. Er ging seinen Weg, bis zum Ziel.

5.Inspirierende Zitate

„Aus den Steinen, die dir in den Weg gelegt werden, kannst du etwas Schönes bauen"
Erich Kästner

„Erfahrungen sind Maßarbeit. Sie passen nur dem, der Sie macht."
Carlo Levi

„Ein Tag an dem du nicht gelacht hast, ist ein verlorener Tag"
Charlie Chaplin

„Kluge Leute lernen auch von Ihren Feinden"
Aristoteles

„Versuche nicht ein Mann des Erfolgs zu werden. Werde lieber ein Mann von Wert"
Albert Einstein

„Ist man in kleinen Dingen nicht geduldig,
bringt man die großen Vorhaben zum Scheitern"
Konfuzius

„Kreativität ist die Intelligenz, die Spaß hat"
Albert Einstein

„Wer sich seiner Fehler schämt, macht sie zu
Verbrechen"
Konfuzius

„Das Leben, ist das Produkt unserer Gedanken"
Marcus Aurelius

„Wohin du auch gehst, geh mit deinem ganzen
Herzen"
Konfuzius

„Gott hat mir einen großartigen Körper gegeben
und es ist meine Pflicht, mich um meinen physi-
schen Tempel zu kümmern"
Jean Claude van Damme

„Der Mann, der den Berg abtrug, war derselbe,
der anfing, kleine Steine wegzutragen"
Konfuzius

„Lernen ist wie rudern gegen den Strom — wer
aufhört, treibt zurück"
Konfuzius

6.Karatebegriffe

Ausspracheregeln

Ch	Ähnlich tsch, wie klatschen
E	Ähnlich ä, wie besser
Ei	Ähnlich ee, wie See
H	Ein Laut, zwischen h und ch, wie Fach
J	Ähnlich dsch, wie in Job
R	Zungen-r, wie im romanischen
S	Ähnlich ss, wie in Haß
Sh	Ähnlich sch, wie in Schwert
Y	Ähnlich j, wie in Jagt
Z	Ähnlich s, wie in Sand
U	Wird meist nicht gesprochen (z.B. Shuto, gesprochen aber „Schto")
Ae, ei, ue	Werden getrennt gesprochen

Das Zahlensystem

Eins	Ichi (Sho)
Zwei	Ni
Drei	San
Vier	Shi (Yon)
Fünf	Go
Sechs	Roku
Sieben	Shichi (Nana)
Acht	Hachi
Neun	Kyu (Ku)
Zehn	Ju

Allgemeine Begriffe

Budo	Kriegerischen Fertigkeiten; Oberbegriff für Kampfküste
Dan	Meisterstufe/-grad
Do	Weg; Lehre; Entwicklung; Gesetz
Dojo	Trainingsort für Kampfkünste
Gi - Uwagi - Zubon - Obi	Karate-Bekleidung - Jacke - Hose - Gürtel
Hara	Bauch; energetisches Zentrum des Menschen
Kamae	Kampfstellung
Karate-Do	Der Weg der leeren Hand
Karateka	Karatebetreibender

Ki	Vitale/innere Energie
Kime	Physische und psychische Energiekonzentration
Kohai	Fortgeschrittene jüngere Schüler
Kyu	Schülergrad
Mondo	Gespräch zwischen Schüler und Meister
Mushin	Nicht denken; unbewusst
Renshi	Meistern des Selbst
Sempai	Fortgeschrittener älterer Schüler
Sensei	Lehrer; Meister
Shizentai	Grundstellung; natürliche Haltung

Kommandos

Hajime	Beginn; Los
Mawatte	Wendung
Mokuso	Meditation
Mokuso Yame	Meditation Ende
Oss	Grußwort zum Gegenüber; Verstanden
Otagai ni Rei	Gruß zu den Mitübenden
Rei	Respekt; Höflichkeit
Ritsu	Aufstehen; Stehen
Ritsu Rei	Gruß im Stehen

Seiza	In den Knie-Sitz
Sensei ni Rei	Gruß zum Meister
Shihan ni Rei	Gruß zum Großmeister
Shinza ni Rei	Gruß zu den Ahnen
Shomen ni Rei	Gruß nach vorne
Yame	Stopp; Ende
Yoi	Vorbereitung; Achtung
Za-Rei	Gruß im Knie-Sitz

Kata-Begriffe

Kata	Form; Formale Übung
Bunkai	Kata in Anwendung mit dem Partner; Analyse
Embusen	Schrittdiagramm der Kata
Oyo	Anwendung
Tokui-Kata	freie starke persönliche Kata

Kihon-Begriffe

Kihon	Grundlage; Grundtechniken
Gyaku	Gegenseitig
Tsuki	Fauststoß

Kumite-Begriffe

Kumite	Partnerübung
Deai	Angriff mit eigenem Angriff zuvorkommen
Gohon-Kumite	Fünfschrittkampf
Happo-Kumite	Kampfübungen in alle Richtungen

Jiyu-Kamae	Individuelle Freikampfhaltung
Jiyu-Kumite	Partnerübung bei der der Frei-kampf geübt wird
Kihon-Ippon-Kumite	Grundschulmäßig ausgeführ-ter Einschritt-Kampf
Randori	Zweikampf Übung
Sabaki	Ausweichen; bewegen
Sanbon-Kumite	Dreischrittkampf
Sun-Dome	Abstoppen der Technik kurz vor dem Ziel
Tai-Sabaki	Ausweichen und kontern
Tori	Angreifer
Uke	Abwehr; Verteidiger

Meine 10 Wegweiser

1. Versprich NIE was du nicht halten kannst!
2. Niemand kann dir deine Träume verbieten!
3. Beschütze was du liebst!
4. Kämpfe nur wenn es nicht anders geht!
5. Kämpfe mit deinem ganzen Herzen und ganzer Seele!
6. Lerne aus deinen Fehlern!
7. Finde keine Ausreden es nicht zu tun, finde Wege es zu tun!
8. Wenn andere glauben das du nicht mehr kannst…. Fang erst richtig an!
9. Mach weiter bis es sich nicht mehr lohnt! (es lohnt sich immer!)
10. Ohne Opfer gibt es keinen Sieg

Literaturverzeichnis

Der hier aufgeführten Literatur verdanke ich Einsichten oder Anregungen, die ich in diesem Buch aufgenommen habe, in unterschiedlicher Weise. Wenn du Lust hast, kannst du gerne mal reinschauen. Manches ist kompliziert, manches einfach. Ein Anspruch auf Vollständigkeit besteht nicht.

Auch aus Steinen, die dir in den Weg gelegt werden, kannst du etwas Schönes bauen. Erich Kästner. (o. D.). https://zitate.woxikon.de/wege/1377-erich-kaestner-auch-aus-steinen-die-dir-in-den-weg-gelegt-werden-kannst-du-etwas-schoenes-bauen. https://zitate.woxikon.de/wege/1377-erich-kaestner-auch-aus-steinen-die-dir-in-den-weg-gelegt-werden-kannst-du-etwas-schoenes-bauen

Auch der weiteste Weg beginnt mit einem ersten Schritt. (o. D.). 1000-zitate.de. https://1000-zitate.de/8896/Auch-der-weiteste-Weg-beginnt-mit.html

Beck, T. (2018). *Unbox your Life!: BEWOHNERFREI®: Das Geheimnis für deinen Erfolg im Leben (Dein Erfolg)* (6. Aufl.). GABAL.

Buscaglia, L. F. (1987). *Leben, lieben, lernen.* Goldmann.

Carnegie, D. (2011). *Freu dich des Lebens!: Die Kunst, beliebt, erfolgreich und glücklich zu werden (Dale Carnegie)* (5. Auflage, Neuausgabe Aufl.). FISCHER Taschenbuch.

Clear, J. & Tschöpe, A. (2020). *Die 1%-Methode – Minimale Veränderung, maximale Wirkung: Mit kleinen Gewohnheiten jedes Ziel erreichen - Mit Micro Habits zum Erfolg* (Deutsche Erstausgabe Aufl.). Goldmann Verlag.

Divine, M. (2016). *Unbezwingbar wie ein Navy SEAL: Resilienz und mentale Stärke für Erfolg auf höchster Ebene.* Riva.

Elrod, H. & Kretschmer, U. (2016). *Miracle Morning: Die Stunde, die alles verändert.* Irisiana.

Erfahrungen sind Maßarbeit. Sie passen nur dem, der sie macht. Carlo Levi. (o. D.). zitate.woxikon.de. https://zitate.woxikon.de/wege/1730-carlo-levi-erfahrungen-sind-massarbeit-sie-passen-nur-dem-der-sie-macht

Funakoshi, G. (2022). *Karate-do: Mein WEG.* Kristkeitz Verlag.

Funakoshi, G. & Keller, G. (2007). *Karate-do: Die Kunst, ohne Waffen zu siegen (Piper Taschenbuch, Band 24920)* (4. Aufl.). Piper Taschenbuch.

God gave me a great body and it's my duty to take care of my physical temple. (o. D.). Zitate auf Englisch. https://www.englischezitate.de/zitat/jean-claude-van-damme/105986/

Grout, P. & Hansen, A. (2017). *Sei dankbar und werde reich: Ein 30-Tage-Trip in radikaler Dankbarkeit und ungenierter Lebensfreude.* Irisiana.

Hümmeke, F. (2021). *Handling Shit: Der richtige Umgang mit schwierigen Personen und Situationen* (1. Aufl.). books4success.

Hyams, J. (2012). *Der Weg der leeren Hand: Zen in den Kampfkünsten* (3., Aufl.). Schirner Verlag.

Kluge Leute lernen auch von Ihren Feinden. (o. D.). Gute Zitate. https://gutezitate.com/zitat/268067

Mai, J. (2021, 10. Januar). *Lernen ist wie rudern gegen den Strom – wer aufhört, treibt zurück.* karrierebibel.de. https://karrierebibel.de/konfuzius-sagt/

Moestl, B. (2010). *Shaolin - Du musst nicht kämpfen, um zu siegen!: Mit der Kraft des Denkens zu Ruhe, Klarheit und innerer Stärke* (18. Aufl.). Knaur TB.

Publishing, A. (o. D.-a). *„Persönlichkeiten werden nicht durch schöne Reden ge-formt, sondern durch Arbeit und eigene Leistung." Albert Einstein.* gutzitiert.de. https://www.gutzitiert.de/zitat_autor_albert_einstein_thema_persoenlichkeit_zitat_38259.html

Publishing, A. (o. D.-b). *Wer sich seiner Fehler schämt, macht sie zu Verbrechen.* Gutzitiert.de. https://www.gutzitiert.de/zitat_autor_konfuzius_thema_fehler_zitat_1491.html

Pyczak, T. (2021, 8. April). *„Das habe ich noch nie vorher versucht, also bin ich völ-lig sicher, dass ich es schaffe." – Pippi Langstrumpf.* Strategisches Storytelling. https://www.strategisches-storytelling.de/10-zitate-von-pippi-langstrumpf/

Rudolf von Bennigsen-Foerder. (o. D.). Gute Zitate. https://gutezitate.com/zitat/276999

S., Musashi, M., Tsunetomo, Y., Nitobe, I., K. & L. (2018). *Fernöstliche Klassiker: 6 Bände im Schuber: Die Kunst des Krieges, Fünf Ringe, Hagakure, Bushido, Gespräche, Tao te king.* Nikol.

Schäfer, B. (2003). *Die Gesetze der Gewinner: Erfolg und ein erfülltes Leben* (12. Aufl.). dtv Verlagsgesellschaft.

Schlosser-Nathusius, U. & Markowetz, F. (2005). *Kampfkunst als Lebensweg.* Kristkeitz, Werner.

Schwarzenegger, A. (2014). *Total Recall: Die wahre Geschichte meines Lebens.* Heyne Verlag.

Seiwert, L. (2016). *Die Tiger-Strategie: Wer für seine Erfolge nicht selber sorgt, hat sie nicht verdient - Die Kraft steckt in dir!* (Originalausgabe Aufl.). Ariston.

Stulberg, B. & Magness, S. (2019). *Das perfekte Mindset – Peak Performance: Absolute Spitzenleistung mit den neuesten wissenschaftlichen Erkenntnissen erreichen.* FinanzBuch Verlag.

Svoboda, M. (o. D.-a). *Der Mann, der den Berg abtrug, war derselbe, der anfing, kleine Steine wegzutragen.* Beruhmte-zitate.de. https://beruhmte-zitate.de/zitate/2000277-konfuzius-der-mann-der-den-berg-abtrug-war-derselbe-der-a/

Svoboda, M. (o. D.-b). *Ein Tag ohne Lachen ist ein verlorener Tag.* Beruhmte-zitate.de. https://beruhmte-zitate.de/zitate/2078336-charlie-chaplin-ein-tag-ohne-lachen-ist-ein-verlorener-tag/

Svoboda, M. (2019, 8. Oktober). *Kreativität ist Intelligenz, die Spaß hat.* Beruhmte-zitate.de. https://beruhmte-zitate.de/zitate/1997970-albert-einstein-kreativitat-ist-intelligenz-die-spass-hat/

Svoboda, M. (2021a, Oktober 23). *Versuche nicht, ein erfolgreicher, sondern ein wertvoller Mensch zu werden.* Beruhmte-zitate.de. https://beruhmte-zitate.de/zitate/1956529-albert-einstein-versuche-nicht-ein-erfolgreicher-sondern-ein-wer/

Svoboda, M. (2021b, Oktober 30). *Ist man in kleinen Dingen nicht geduldig, bringt man die großen Vorhaben zum Scheitern.* Beruhmte-zitate.de. https://beruhmte-zitate.de/zitate/130825-konfuzius-ist-man-in-kleinen-dingen-nicht-geduldig-bringt-m/

Svoboda, M. (2021c, November 20). *„Wenn mein Kopf es sich ausdenken kann und mein Herz daran glauben kann — dann kann ich es auch er-reichen!" Mohammed Ali.* Beruhmte-zitate.de. https://beruhmte-zitate.de/zitate/2078610-muhammad-ali-wenn-mein-kopf-es-sich-ausdenken-kann-wenn-mein-h/

U. (2022). *Nach Altem forschen - das Neue verstehen by Unknown(2015–04).* Kristkeitz Werner.

Unser Leben ist das Produkt unserer Gedanken. (o. D.). Beruhmte-zitate.de. https://beruhmte-zitate.de/zitate/1958088-marcus-aurelius-unser-leben-ist-das-produkt-unserer-gedanken/

Wohin du auch gehst, geh mit deinem ganzen Herzen. (o. D.). Poeteus. http://www.poeteus.de/zitat/Wohin-du-auch-gehst-geh-mit-deinem-ganzen-Herzen/274

Coogler, R. (Regie). (2015). Creed – Rocky´s Legacy [Film]. Metro Goldwyn Mayer (MGM)